SOCIÉTÉ D'ÉCONOMIE POLITIQUE DE LYON

(Séance du 11 janvier 1884)

LE TONKIN

ET

LA COLONISATION FRANÇAISE

RAPPORT

DE

M. ULYSSE PILA

LYON

IMPRIMERIE DE A. BONNAVIAT

Rue Sainte-Catherine, 13

1884

SOCIÉTÉ D'ÉCONOMIE POLITIQUE DE LYON

(Séance du 11 janvier 1884)

LE TONKIN

ET

LA COLONISATION FRANÇAISE

RAPPORT

DE

M. ULYSSE PILA

LYON

IMPRIMERIE DE A. BONNAVIAT

Rue Sainte-Catherine, 13

1884

LE TONKIN

ET

LA COLONISATION FRANÇAISE

————〜∞〜————

Messieurs,

Il y a trois semaines, mon ami M. Morel vous présentait un instructif et intéressant rapport sur le Tonkin, et le terminait en émettant l'avis que : nous ne sommes pas un peuple colonisateur, et qu'en tout cas la colonisation du Tonkin, dût-elle réussir, nous coûterait encore plus de sacrifices qu'elle ne nous rapporterait de profits.

Je protestai aussitôt contre cette opinion, et rendez-vous m'a été donné à votre prochaine séance, c'est-à-dire à aujourd'hui, pour que je puisse venir, à mon tour, vous présenter et soutenir devant vous l'opinion contraire.

Les évènements qui, dans l'intervalle, se sont ac-

complis à notre honneur et à notre avantage, grâce à la
bravoure de nos marins et de nos soldats, n'ont fait
qu'accroître l'intérêt de cette grave question, qui mérite
de plus en plus toute votre attention.

Je tiens tout d'abord à constater que, si M. Morel n'a
point visité le Tonkin, je me trouve dans le même cas
que lui.

Lors de mes voyages et de mes séjours dans l'Extrême-Orient, de 1864 à 1869, la question du Tonkin
naissait à peine; mais elle a aussitôt attiré mon attention, et je l'ai toujours suivie de très près.

J'ai écouté tout ce qui en a été dit et lu, tout ce
qui a été écrit à son sujet, enfin, j'ai consulté les personnes qui, plus heureuses que moi, ont exploré cette
contrée que je désirerais voir transformée en une colonie française.

Tout en voulant me renfermer dans l'examen du côté
pratique de la question, il m'est impossible pourtant de ne
pas revenir sur un point que, selon moi, mon ami M. Morel
a trop laissé dans l'ombre, et que j'eusse aimé cepen-
dant voir approfondir par un homme aussi compétent
que lui ; je veux parler des droits de suzeraineté soule-
vés à la dernière heure par le grand empire chinois sur
le Tonkin, droits basés, par ceux qui les soutiennent,
uniquement sur la coutume des rois de l'Annam, de
demander au Fils du Ciel l'investiture royale, et de lui

payer, sous la forme de certains cadeaux, un tribut triennal.

Cette question délicate a occasionné de très vives controverses en Europe dès le début de notre expédition ; mais, aujourd'hui, le jour semble se faire et l'opinion se prononcer contre ces prétendus droits. D'ailleurs, pendant que quelques journaux anglais et européens s'efforçaient de soutenir et de défendre la thèse et les agissements du marquis de Tseng, leurs confrères d'Orient, mieux placés pour parler en toute connaissance de cause, s'expliquaient ainsi dans le *North China* et le *Daily News*, de Hong-Kong :

« Si la France, dès le début, avait adopté des me-
« sures énergiques et radicales, fait une démonstration
« plus considérable, il est probable qu'elle ne se serait
« jamais trouvée dans l'embarras où elle se trouve.

« Mais il n'est pas trop tard pour frapper un coup
« décisif, tandis qu'il est trop tard, soit pour se retirer,
« soit pour continuer une politique oscillante. Il faut,
« enfin, que la question de la suzeraineté de la Chine
« sur les provinces extérieures à ses frontières soit ré-
« glée une fois pour toutes.

« Les gouvernements étrangers ne peuvent pas
« être arrêtés par cette prétention monstrueuse, véri-
« table anachronisme. »

En effet, les documents historiques ne fournissent

rien de précis et de certain sur ce point important et fondamental. L'investiture royale paraît n'avoir jamais été autre chose qu'une cérémonie religieuse, une espèce de sacre ne comportant aucune obligation pour celui qui en est l'objet. On rencontre même, dans l'histoire de l'Annam, plusieurs rois proclamés par leurs sujets, et qui ont reçu l'investiture seulement un certain nombre d'années après leur avènement au trône.

Quant au tribut triennal, la première trace que l'on en trouve dans les annales de l'histoire chinoise remonte à plusieurs siècles avant notre ère chrétienne.

A cette époque, l'empereur de l'Annam fut invité à rendre hommage au souverain chinois, et le message du Fils du Ciel s'exprimait ainsi :

« Ce n'est pas un ordre que nous vous donnons, car
« le sage ne recherche pas l'esclavage des autres
« hommes. »

Un ambassadeur annamite se mit, en effet, en route pour répondre à cette invitation, et il offrit, au nom de son roi :

La Grande Cigogne blanche.

La cérémonie s'arrêta à cet acte de courtoisie, et c'est là la véritable interprétation que l'on doit donner aux rapports de voisinage qui ont existé depuis lors entre les deux empires.

D'après des personnes dignes de foi et très versées

dans les langues orientales, le mot de suzeraineté ne serait pas la véritable traduction précise du mot chinois.

La cause en est à la pauvreté de nos langues européennes, comparée à la richesse infinie de la langue chinoise, qui a un mot spécial pour rendre chaque nuance de la pensée humaine.

Dans la langue orientale, le mot que nous traduisons par « suzeraineté » signifierait plutôt acte de déférence, acte de courtoisie, ou hommage respectueux envers le plus fort pour en obtenir les bonnes grâces.

Les empereurs de Hué, en effet, règnent et gouvernent librement, avec la plus entière indépendance, sans être astreints à aucune des obligations du vassal envers son souverain, telle que, par exemple, l'obligation de fournir un contingent en cas de guerre.

Jusqu'au quinzième siècle, l'empire de l'Annam semble avoir été voué aux guerres intestines les plus fréquentes et les plus cruelles.

Pour la tranquillité de son empire, ou par ambition, la Chine est intervenue maintes fois, non à titre de suzerain ou de libérateur, mais en conquérant, s'implantant dans le pays et le pressurant, pour être ensuite, à son tour, battue et chassée.

Pourtant je ne voudrais pas m'égarer dans ces recherches historiques, et j'admets, pour un instant, l'existence de cette suzeraineté. Mais je prétends alors que la Chine n'a pas rempli ses devoirs de suzerain, qu'elle a, en conséquence, perdu ses droits, et doit en être déchue, à supposer qu'ils existent.

Un suzerain, s'il a autorité sur son vassal, a le devoir de le protéger, et de veiller à ce qu'il administre avec justice et sagesse le pays qui lui est confié.

Or, voici sur ce dernier point comment s'expriment, dans leurs correspondances privées, les hommes éminents ayant résidé longtemps au Tonkin, tels que Mgr Colomers et le digne prélat Mgr Retord :

« Quant à l'état social et politique de ce royaume, « mieux vaudrait n'y point penser.

« Vous dire que tout va à la dérive, que tout s'é- « croule, c'est vous en donner la complète description.

« Les calamités dont se voit affligé ce malheureux « pays se succèdent les unes aux autres. Ce ne sont « que soulèvements de rebelles, incursions de bri- « gands, pirateries sur mer et sur rivières, impôts arbi- « traires et exorbitants, cris et misères partout.

« L'armée et la marine sont dans un état dérisoire.

« La politique n'est qu'un tissu de fraudes et d'in- « justices. Le commerce est soumis à des entraves sans « nombre.

« Mais le comble aux humiliations sur ce malheureux « royaume, c'est le trafic scandaleux, infâme, désho-

« norant que nombre de Chinois exercent dans les pro-
« vinces maritimes.

« Les spéculateurs et trafiquants de chair humaine
« envoient dans les villages des courtiers, qui, par mille
« artifices et séductions, arrachent, volent jeunes filles
« et même enfants de l'âge le plus tendre, puis les em-
« pilent dans des jonques, et les emportent sur les
« marchés chinois du Sud. »

Et cela se passe en plein dix-neuvième siècle, au
Tonkin, à deux pas des ports où flottent les pavillons
des nations civilisées !

Un historien voyageur dit qu'à part quelques rares
exceptions, les mandarins, tous des lettrés, sont la pire
classe de la société annamite. La boisson, le jeu,
l'opium, le spectacle, la débauche sont leur principal
passe-temps.

Tromper le prince,

Opprimer le peuple pour en tirer de l'argent,

Vendre la justice pour s'enrichir aux dépens des malheureux, voilà l'unique souci des dirigeants.

Le roi Tu-Duc lui-même, dans un message à notre
gouverneur de Cochinchine, se plaint amèrement de
tous les gens de sa cour.

Eh bien ! au milieu d'une telle anarchie, voyons-nous
jamais la Chine intervenir pour faire rendre la justice et
mettre de l'ordre dans ce pays vassal ?

Pas du tout.

On dirait, au contraire, qu'elle se complaît à considérer ce royaume voisin comme son exutoire naturel ; et, en effet, nous voyons les pirates chinois s'introduire dans le sud de l'Annam et y dominer en maîtres.

Au nord, ce sont les rebelles Taïpings, les Pavillons-Noirs, qui, expulsés de la Chine, s'implantent dans toute la partie au-dessus du Delta et y trouvent assistance, car le roi de l'Annam les prend à sa solde comme troupes régulières.

N'est-ce pas monstrueux ?

Et la Chine, qui se prétend suzeraine, ne dit rien !

En 1860, le roi Tu-Duc, en guerre avec nous dans la Basse-Cochinchine, succombe ; le pays nous est donné comme tribut de guerre, et avec lui le protectorat absolu sur le Cambodge.

La Chine ne vient pas au secours de son prétendu vassal, et le traité de 1862 est conclu et observé de part et d'autre.

En 1874, un nouveau conflit survient ; un autre traité est signé avec Tu-Duc, par lequel le Tonkin est ouvert au commerce européen.

Ce fameux traité, cause de la guerre actuelle, dit à l'article 8 :

« Interdiction au roi d'Annam, en cas de révolte ou
« de troubles intérieurs, de recourir à une autre puis-
« sance que la France. »

La Chine proteste-t-elle de suite contre l'engagement pris par son vassal?

Intervient-elle?

Non, et elle n'aurait jamais osé élever la voix, si, au lieu de parlementer avec elle et d'user de courtoisie à son égard, nous nous fussions emparés du Tonkin, l'administrant sans en rendre compte à personne.

Enfin, du reste, il est inutile de discuter plus long-temps les droits de la Chine, car si cette dernière a, comme on le dit, envoyé son armée régulière dans le Tonkin pour se joindre à ses anciens révoltés, les Pavillons-Noirs, elle est alors en guerre ouverte avec nous, et elle doit subir les conséquences du combat.

Et le sol rougi du sang de Garnier et de Rivière, ainsi que de celui de ces dignes missionnaires et évêques, massacrés et immolés, non-seulement à cause de la foi qu'ils prêchaient, mais surtout parce qu'ils représen-taient la morale, le progrès et la France, deviendra, je l'espère, une terre française que personne ne pourra nous disputer.

D'ailleurs, la situation est forcée ; car, ou il faut retirer notre pavillon de l'Indo-Chine et renoncer à notre co-lonie de Cochinchine, ou il faut le soutenir par notre intervention, sous une forme quelconque, dans l'empire d'Annam.

Sans cela, entourés de brigands et de bandes belliqueuses, nous serions, un jour ou l'autre, surpris et écrasés par le nombre.

Et déjà, à cette heure, pour nous prémunir contre ce danger constant, nous sommes obligés d'entretenir sur ce petit coin de terre de la Cochinchine une force armée égale à celle qui suffira pour garder tout le royaume.

J'espère, Messieurs, vous avoir démontré par ces raisonnements qu'aucun droit de suzeraineté ne lie à cette heure l'Annam à l'empire chinois; qu'au point de vue de la civilisation, notre intervention était urgente, et qu'au point de vue de notre sécurité présente et future, notre action était impérieuse.

L'Annam à nous, la France serait alors assise aux branches du Meikong et du Badé, joignant le Laos, l'Yun-Nam et le Quang-Si.

Communiquant avec ces riches contrées par des cours d'eau en partie navigables, elle pourrait se créer, dans les mers de Chine, l'empire colonial que Dupleix avait rêvé pour son pays sur les bords de l'Océan indien.

Mais M. le Rapporteur nous dépeint le Tonkin sous de tristes aspects, et par les statistiques de douane des premières années de l'ouverture des ports au commerce français, prétend démontrer que le trafic est de minime importance, ne progresse pas, et que les résultats à espérer ne pourront jamais compenser les sacrifices énormes qui restent encore à faire pour nous établir dans le pays et y assurer notre sécurité.

Il me semble que M. Morel est, en cela, d'une opinion par trop pessimiste, et tout au moins d'une impatience trop grande, qui ne tient aucun compte des difficultés du moment.

Mais le commerce colonial doit se considérer à longue échéance. Il doit être créé de toute pièce, et il faut beaucoup de temps pour cela.

Je ne conteste pas les statistiques citées, elles sont précises ; mais je dis qu'il faut tenir compte de l'état d'un pays qui a été opprimé, pressuré durant une série de siècles, récemment encore livré au pillage, à la guerre civile, et cela par notre faute, après les pénibles évènements de Garnier et le coup de tête de Philastre, abandonnant au massacre tout un peuple chrétien qui nous était dévoué et s'était donné à nous.

Comment voulez-vous que, dans de si tristes occurrerces, un commerce régulier s'établisse?

Nos maisons de commerce, témoins de nos incertitudes politiques et de l'abandon de Dupuis, n'ont pas osé encore s'établir et s'aventurer. Les indigènes, tout ahuris du nouveau régime, ne connaissent pas encore nos besoins, et n'ont rien produit pour eux.

Dutreuil de Rhins dit :

« Plus de la moitié du sol cultivable de la province

« de Hué est encore inculte ; l'Annamite, abruti par la
« servitude, s'est fait à la misère ; pourvu qu'il ait son
« riz, son eau-de-vie, son tabac, l'arec et le bétel qu'il
« cultive dans son jardin, il est content.

« Le commerce extérieur lui était interdit jus-
« qu'en 1874, il n'avait donc aucun intérêt à faire des
« cultures riches, dont le produit passait aussitôt dans
« les mains des mandarins, aussi durs et rapaces avec
« leurs inférieurs qu'ils sont lâches et rampants avec
« leurs supérieurs.

« En industrie, de même ; les artisans ne font que
« le strict nécessaire de la consommation qui les
« environne. »

Dans ces conditions, il était donc impossible de trouver cette contrée prête du jour au lendemain, même en
trois ans, pour le commerce extérieur, et alors, pour se
faire une opinion sur ce qu'elle peut être et devenir ul-
térieurement, il faut l'étudier géographiquement et
raisonner par comparaison, en tenant compte du caractère et des aptitudes des habitants.

Je ne vous citerai pas en cela l'opinion de nos géogra-
phes : Malte-Brun, Larousse, Reclus, ces ouvrages sont
à votre disposition.

Je ne vous parlerai pas non plus des descriptions enthousiastes de Dupuis et de Millo, elles pourraient vous
paraître trop intéressées.

Je me suis attaché, au contraire, à suivre des historiens et des voyageurs plus modestes, anciens et contemporains.

J'ai consulté tous ces braves de notre armée de terre et de mer, qui n'avaient dans l'esprit aucune idée mercantile, et qui ne se sont rendus dans ces pays que le drapeau français à la main et l'intérêt de la patrie dans le cœur.

J'ai été assez heureux aussi pour rencontrer, dans un de mes récents voyages, un jeune et intelligent missionnaire, aux idées larges et libérales, ayant résidé huit ans au Tonkin; — et c'est avec cet ensemble de documents que je me suis pris d'enthousiasme pour la colonisation de ce pays.

Le climat du Tonkin offre une grande analogie avec celui de la Chine méridionale. — Les saisons y sont nettement tranchées.

Quatre mois de saison fraîche, agréable et saine. La température y descend d'un petit nombre de degrés au-dessus de 0. — Les gelées blanches y sont même fréquentes au mois de janvier.

Quatre mois de saison tempérée entre 17° et 25°.

Enfin, quatre mois de fortes chaleurs, qui atteignent quelquefois 38°; chaleurs même très humides, car c'est dans cette période de l'année que se produisent les grandes inondations périodiques des fleuves.

Néanmoins, l'Européen s'y acclimate très bien, et à part les maladies graves qui peuvent survenir à la suite d'insolations ou autres imprudences ; la dyssenterie, l'anémie, l'intoxication paludéenne, les diarrhées de Cochinchine y sont bien moins à redouter qu'à Saïgon.

Le pays est fort beau à parcourir, et souvent on se trouve en présence de hautes collines, dont les pentes abruptes plongent verticalement dans les eaux silencieuses et rapides du fleuve, et forment ainsi des défilés d'un pittoresque grandiose, qui rappellent ceux du Rhin et du Danube, mais auxquels l'intensité de la végétation tropicale prête un charme et une grandeur incomparables.

La superficie du Tonkin est de 150,000 kilomètres carrés, à peu près égale au tiers de la France.

Le sol se compose de deux parties distinctes : le pays plat, exposé à des inondations périodiques, est d'une extrême fertilité.

La principale culture est le riz, dont on fait deux récoltes par an ; suivant les districts, la qualité est plus ou moins bonne, et quelques provinces donnent des produits extra-supérieurs. Le maïs vient aussi dans de nombreux parages.

Mais, en outre, presque toutes les cultures des tropiques y réussissent très bien : le coton, le tabac, l'indigo, la canne à sucre, le chanvre de Manille, la soie, etc.

Les animaux de labour sont : le buffle pour les rizières, et le bœuf pour les cultures non submergées, comme le tabac et la canne à sucre.

Le bœuf est petit, et appartient au genre zébu, c'est-à-dire porte un bourrelet de chair sur le cou ; sa chair est d'excellente qualité.

Peu de chevaux, mais des poneys vigoureux, robustes et de bonne race.

Les porcs, les chèvres sont en abondance. Les volailles sont très communes et à bas prix. On y trouve le chevrotin, qui produit le musc, article d'un grand commerce.

Le gibier à poil, tels que daims, cerfs, chevreuils, lièvres, pullule.

Les oiseaux de plumages riches se rencontrent fréquemment.

Sur les côtes, on pêche la tortue et les mollusques, qui donnent l'écaille et la nacre.

Les étangs sont remplis de poissons gélatineux, qui produisent la colle.

La deuxième partie du sol est montagneuse, en partie inexplorée encore, et couverte de forêts immenses, où l'on trouve les plus beaux bois de construction, d'ébénisterie et de teinture. L'on y trouve aussi des marbres précieux, de l'ambre, de la cornaline.

Les sources thermales jaillissent de tous côtés.

Par une anomalie inexplicable, l'air y est fort malsain et la fièvre des bois y est en permanence ; mais on espère qu'une fois ces forêts, presque vierges, éclaircies, des chemins tracés au milieu d'elles, les essences d'arbres vénéneuses connues, on pourra assainir et tirer un parti précieux de ces richesses naturelles du sol.

Les premières évaluations de la population remontent à vingt ans, et elles s'élevaient alors à 12 millions d'habitants ; mais on estime que depuis, soit par suite des guerres civiles, soit par suite des massacres commis par les pirates et les Pavillons-Noirs, et soit plus encore par le fait de l'émigration des Tonkinois dans nos provinces plus sûres et mieux administrées de la Basse-Cochinchine, cette population s'est réduite à 9 millions.

Néanmoins, elle est encore très dense, et l'on compte des agglomérations de gens pauvres qui forment des villages de 20,000 âmes.

Le caractère du peuple est bon, gai et soumis ; son esprit est vif, souvent fin et railleur ; son tempérament est sobre.

Adroit et industrieux, il a une grande facilité à s'assimiler les progrès de l'industrie européenne.

La main-d'œuvre est à bon marché, et l'ouvrier est payé à raison de 50 à 60 centimes la journée.

Il y a deux langues : l'une scientifique, le chinois, qui n'est pratiquée que par les lettrés ; l'autre, usuellement parlée par tous, qui est une langue très simple, sans grandes difficultés grammaticales, une espèce de patois et de langue verte, qui s'apprend assez vite ; dans l'espace de trois mois, un Européen est à même de s'en servir.

Quatre religions principales sont pratiquées dans le royaume :

Le boudhisme, mais en bien moins grand nombre que ne le comporterait son rapprochement de la Chine ;

La religion des superstitions ;

Celle des ancêtres ;

Et enfin la religion catholique.

Le Tonkinois se laisse bien catéchiser, et il devient fervent. Le nombre des chrétiens est estimé à 500,000 ; il s'était élevé jusqu'à 800,000 avant la persécution.

Les chrétiens, une fois instruits, sont zélés et convaincus, et ne ressemblent en rien aux chrétiens chinois, qui, pour une ligature de sapecs, font le signe de la croix ou le renient.

Lors des derniers évènements de 1874, on a vu plusieurs villages chrétiens se lever, la croix en tête, pour se battre avec acharnement contre leurs persécuteurs, et mettre en fuite, anéantir même des corps réguliers commandés par des lettrés et dix fois plus nombreux.

Deux collèges ou séminaires, dirigés par nos missionnaires, ont déjà donné une grande quantité de prêtres indigènes ; on en compte une centaine en ce moment exerçant le sacerdoce.

En dehors des lettrés, les populations sont sympathiques à la France ; car l'exemple de la Basse-Cochinchine leur fait espérer de notre domination une bonne administration, juste, honnête, la sécurité de leurs biens et de leurs personnes, la perception d'un impôt unique, bien défini, non vexatoire et multiple comme celui des mandarins actuels.

Le sol est aussi riche en mines de houille et de minerais qu'en culture, et sur ce point, je n'ai qu'à citer l'appréciation compétente de MM. Fuchs et Saladin, le premier ingénieur en chef des mines, le second ingénieur civil des mines, envoyés tous deux par le Gouvernement français pour étudier et apprécier les gisements miniers.

Au point de vue des filons aurifères, M. Fuchs dit :

« Malgré le mauvais vouloir des fonctionnaires
« annamites, malgré la terreur des populations intimi-
« dées par les menaces et par les lois draconiennes
« dictées par la cour de Hué contre les orpailleurs, nous
« avons pu nous faire une idée des conditions de gise-
« ment du métal précieux.

« Ils sont recoupés par de nombreux filons d'un
« quartz translucide, tantôt compact, tantôt carié, qui
« contient de l'or natif sous forme de mouches.

« Nous avons fait faire, dans chaque cours d'eau, de
« nombreuses battées, en prenant, sans distinction
« aucune, les sables alluvionnels sur lesquels coulaient
« la rivière et les terres limoneuses qui les surmontent.

« La presque totalité de ces battées a été produc-
« tive, et nous a donné une proportion plus ou moins
« considérable de petites paillettes d'or, souvent à
« peine visibles à l'œil nu.

« L'impossibilité de faire des pesées dans des condi-
« tions de travail aussi désavantageuses ne nous per-
« met pas de formuler des chiffres représentant en or
« la teneur des graviers et des limons soumis à
« l'essai ; mais il importe de signaler l'universalité de
« leur richesse. »

Au sujet des bassins houillers, M. Fuchs, après avoir
fait une description des gisements qu'il a découverts, fixé
leur superficie à l'aide de forages, étudié la difficulté de
leur exploitation, estimé leur rendement, s'exprime ainsi :

« Les charbons du Tonkin, tant par leur composi-
« tion chimique que par les résultats qu'ils donnent à
« l'essai industriel, nous paraissent aptes à entrer pour
« une part très importante dans l'approvisionnement
« des marchés maritimes de l'Extrême-Orient.

« Ils soutiennent aisément la comparaison avec les
« charbons d'Australie, qui sont souvent impurs, et ils
« sont supérieurs aux lignites pyriteux du Japon, dont
« on fait une si grande consommation à Hong-Kong et
« à Shanghaï.

« Enfin, ils se rapprochent tellement des houilles
« françaises, qu'ils pourront prendre, soit en roches,
« soit en briquettes, sur le marché de Saïgon, une im-
« portance comparable à celle qu'y ont actuellement
« les produits de la Grand'Combe. Un convoi de ces
« charbons, apporté en France et expérimenté à Pantin,
« sous la surveillance des ingénieurs de l'Etat et du
« bureau des essais de l'Ecole des Mines, a donné les
« résultats suivants : deux kilogrammes par cheval et
« par heure.

« Ce chiffre se rapproche tellement de celui fourni
« par les charbons des mines d'Anzin, 1 kil. 957, que
« l'on peut considérer les deux charbons comme abso-
« lument comparables l'un à l'autre comme capacité
« calorifique. »

Puis, ensuite, M. Fuchs fait un long calcul sur les frais
d'exploitation, sur le prix de revient du charbon aux
ports d'embarquement, et il arrive enfin à une estima-
tion de 15 à 18 fr. par tonne, sous vergue, dans le port
d'embarquement le plus rapproché des mines, et 27
à 30 fr. par tonne pour les briquettes.

Il met après en comparaison les prix qui se pratiquent actuellement dans le port de Saïgon, soit :

48 fr. la tonne, les lignites du Japon,

50 fr.　　—　　les charbons australiens,

54 fr.　　—　　les charbons anglais,

Enfin, les briquettes françaises, employées à Saïgon par notre marine de l'Etat, atteignant une valeur de 70 et 80 fr. dans le port de Haïphong.

Comme vous le voyez, Messieurs, l'exposé des richesses du Tonkin est assez réconfortant et plein d'espérance ; aussi M. Kergaradec, consul à Hanoï, cité par votre rapporteur, après son exposé douanier du 15 mars 1881, dont les résultats sont si maigres, ajoute les réflexions suivantes :

« Quel serait maintenant le développement auquel
« on pourrait s'attendre dans l'hypothèse où le pays
« deviendrait français ? »

Nous ne pourrions mieux faire que de nous baser, pour cet intéressant calcul, sur les résultats obtenus dans la Cochinchine française.

Les Annamites du Tonkin ont, à peu de chose près, les mêmes goûts, les mêmes besoins et les mêmes habitudes ; ils consomment les mêmes denrées et les mêmes objets fabriqués.

Or, le Tonkin est cinq fois plus peuplé que la Basse-Cochinchine ; les évaluations des statistiques offi-

cielles nous indiquent que les marchandises introduites
à Saïgon, pour l'usage des indigènes, représentent une
valeur de 30 millions ; c'est donc par comparaison à
150 millions qu'il faudrait évaluer les importations du
Tonkin.

Le pays serait-il capable de fournir une exportation
équivalente?

« Nous n'en doutons pas, ajoute notre consul à
« Hanoï. Le riz est déjà produit dans une proportion
« supérieure aux besoins du pays, et elle augmenterait
« nécessairement sous un régime de liberté.

« Il ne manque pas de terres incultes à défricher,
« et les rizières actuelles ne sont pas arrivées à leur
« maximum de rendement. La qualité du riz est bien
« supérieure à celui de la Cochinchine.

« La production de la soie est susceptible d'une ex-
« tension presque indéfinie.

« Le sucre peut avoir un grand avenir, et la nature
« des terres rouges de l'intérieur est éminemment pro-
« pre à la culture de la canne. Le chanvre vient avec
« la plus grande facilité.

« Enfin, il n'est pas douteux que des mines de char-
« bon ne puissent être exploitées à proximité de la
« côte.

« Aussi, nous prévoyons que le Tonkin peut arri-
« ver à une exportation de 150 millions, égale à son

« importation basée encore sur celle de la Basse-Co-
« chinchine. »

Voilà l'appréciation de notre consul, après quelque temps de résidence dans cette contrée.

Un écrivain qui paraît connaître le pays à fond, y avoir joué même un rôle polititique important, et qui signe ses œuvres : *Un diplomate,* écrit :

« Si l'exploitation des mines du Quang-Yen prend
« du développement, si on permet l'exportation du riz,
« si la soie arrive à son importance naturelle de pro-
« duction, Haïphong est appelé à devenir un port
« commercial de grande importance. »

Dans un mémoire inédit, adressé à un des grands hommes politiques de notre temps, tiré des papiers privés laissés par notre grand patriote Garnier, j'ai trouvé les appréciations suivantes, encore plus enthousiastes :

« La soie déjà exploitée au Tonkin, dit-il, peut
« prendre aisément un développement aussi grand
« que celui des provinces chinoises les plus renommées
« pour ce produit, le jour où cette industrie sera en-
« couragée et protégée. »

Plus loin, il évalue à 600 millions le mouvement annuel d'affaires qu'amènerait la liberté de la navigation dans le fleuve Rouge, chiffre sur lequel les revenus des douanes pourraient être basés.

Il est vrai que notre brave Garnier, comme tous les premiers explorateurs, avait pour objectif principal l'ouverture et le trafic du Yu-Nan, province chinoise réputée la plus riche de ce grand empire. Et je crois que cela a été une grande faute, car cette pensée a peut-être éveillé les susceptibilités de la Chine, bien plus que notre entreprise du Tonkin.

L'ouverture de la Chine au commerce européen, par le côté ouest de ses frontières, forcément, se fera à son moment, qui n'est peut-être pas encore venu, mais qui sera bien proche le jour où le Tonkin, pacifié, sera sous notre administration, et où une bonne organisation règnera partout avec des douanes fixes et connues.

Ce jour-là, nous n'aurons pas besoin de monter les dix mille escaliers, hauts de dix-sept cents mètres, qui forment la frontière du Tonkin au plateau de la Chine. Mais les Chinois du Yu-Nan, plus trafiquants que nous, les descendront eux-mêmes, pour nous apporter les produits de cette riche province dont on n'a pu connaître encore la réelle valeur, car en effet, de 1852 à 1872, la guerre civile la plus affreuse l'a ravagée et décimée.

Vers 1852, un noyau assez important de Chinois mahométans, convertis à l'islamisme par des missionnaires musulmans venus de l'Inde, s'était isolé du reste de la population adonnée au boudhisme.

Les mahométans s'associaient entre eux pour tous leurs travaux, et ils exploitaient ensemble une mine d'or.

Les Chinois boudhistes vinrent s'établir près d'eux pour faire le même travail; mais les croyants à Mahomet leur refusèrent de partager le produit de la mine, et de là le commencement d'une guerre fratricide, sauvage, sans quartier ni pitié, qui dura près de vingt ans.

En 1856, les chefs mahométans en étaient arrivés à avoir une puissance égale à celle des représentants du gouvernement de Pékin, établis dans la capitale Yunan-Fu.

Mais, en 1867, le gouvernement de Pékin, débarrassé des préoccupations de la guerre contre les Taïpings, put envoyer des secours sérieux, et le grand maréchal Mâh, ami intime de Dupuis, put, grâce aux armes perfectionnées apportées par ce dernier, rétablir l'ordre; enfin, en 1872, le pays reprit sa tranquillité normale.

Dans cette lutte acharnée, les appréciations les plus optimistes disent que de la population, évaluée à 15 millions d'âmes, un tiers a péri; les pessimistes vont jusqu'à la moitié.

Ce pays, après une telle secousse, a donc besoin de se refaire, et ce n'est pas exagérer en disant qu'il lui faudra au moins un quart de siècle pour reprendre son état normal. Donc, laissons le Yu-Nan pour le moment, et n'ayons en vue que le Tonkin, qui, déjà, offre assez d'attraits par lui-même.

Les principales marchandises à échanger entre le Tonkin et le Yu-Nan pourraient être, en montant le Song-Koï : le sel, objet de première nécessité, très rare dans cette province, le coton brut, le coton filé, des étoffes, du tabac, très recherché pour les pipes à eau.

Les produits du Yu-Nan, qui descendent le fleuve Rouge, sont : l'opium blanc, inférieur à celui de l'Inde, le thé en galettes pressées, des bois de construction, des bambous en quantité, des tubercules pour teinture, des plantes médicinales, et enfin l'étain et autres minerais.

Mais toutes ces marchandises n'arrivent pas actuellement à leur destination sans avoir acquitté des droits irréguliers, vexatoires et arbitraires, jusqu'à concurrence de 33 %, sans parler des pillards qui peuvent assaillir les jonques pendant leur route pour les rançonner et les dévaliser.

Comment voulez-vous que, dans ces conditions, un commerce, quel qu'il soit, puisse se développer? Et voilà pourquoi, jusqu'ici, les résultats de notre douane d'Haïphong n'ont pas répondu à ce qu'on en espérait.

De même que M. Kergaradec a évalué la valeur de la production du Tonkin par comparaison avec notre colonie de Cochinchine, de même on peut évaluer les revenus directs ou indirects qu'on pourra en tirer.

Or, la Cochinchine a aujourd'hui un budget de 4,300,000 dollars, soit environ 20 millions de francs ; le Tonkin, représentant cinq fois plus, donnerait un revenu de 100 millions, plus qu'il n'en faudrait pour garder et administrer le pays.

Permettez-moi, Messieurs, de revenir sur un article de production qui vous intéresse très vivement : c'est la soie.

La production actuelle au Tonkin en est estimée à 1,200,000 kilogr., soit 25,000 balles chinoises, dont partie sert à la consommation locale, et partie est exportée à Canton, centre de fabrication du sud de la Chine.

Depuis quelques années seulement, ces soies ont paru sur nos marchés européens par quelques centaines de balles, de loin en loin. Leur race est jaune, partie polivoltine, partie annuelle. Leur qualité, très secondaire, non comme nature, mais comme imperfection d'éducation, de préparation et de filature, en rend l'emploi très limité chez nous, malgré leur bas prix : 18 à 25 fr. le kilogr. Mais il faut reconnaître que ce riche produit est traité d'une façon primitive, barbare presque. -

Chaque paysan file sa récolte à la main, sur des bambous de toutes formes, et d'une façon rudimentaire, à eau presque froide.

On peut dire que, dans ces conditions, la qualité et la quantité sont compromises au moins de 30 %; mais le jour où ce pays sera sous notre administration et ouvert au commerce européen, que des filatures à vapeur pourront, en sécurité, s'établir au milieu des meilleurs districts soyeux, nous pourrons tirer la quintessence de ce produit en grèges fines de grand dévidage, s'appropriant à nos besoins, et les soies tonkinoises verront aussi doubler leur valeur.

Educateurs et filateurs y trouveront un grand profit, et il n'est pas téméraire de prévoir que, dans ces conditions, les récoltes pourront s'augmenter considérablement et donner à l'exportation un aliment au moins égal à celui de la province chinoise de Canton, et sans attendre longtemps, soit 12 à 15,000 balles.

C'est autant de moins que nous aurons à demander à l'Italie, dont nous sommes tout à fait tributaires pour les qualités moyennes et courantes.

En dehors de la soie, la production naturelle du sol du Tonkin, que je viens de vous décrire, ne s'adresse guère à nos besoins européens, mais est essentiellement de consommation asiatique.

Eh bien, puisque notre fabrique de Lyon exporte de l'Asie, de l'Inde, de la Chine et du Japon pour une somme de 65 millions de soie grège, n'aurions-nous pas résolu un magnifique problème d'équilibre d'échanges, si nous acquittions ce tribut avec les sorties de notre colonie de l'Indo-Chine, ressemblant en cela aux Anglais, qui, avec leur « opium », équilibrent leur exportation de thé et de soie dans une proportion de plus de 200 millions, qui laissent au gouvernement anglais un bénéfice de plus de 100 millions ?

Avec de tels éléments en perspective, il n'y a pas à désespérer, Messieurs, du succès de la colonie convoitée, je suis convaincu du contraire, et je vois là un grand avenir dans un temps rapproché. Aussi, si j'étais libre personnellement, je n'hésiterais pas à aller faire un voyage d'exploration pour essayer de relier ma maison de Shanghaï avec un établissement au Tonkin.

A tous les amis oisifs qui m'interpellent je dis : Allez au Tonkin, car, au pire, à quel titre que ce soit, dans un pays neuf, il y a toujours quelque chose à faire pour le présent. Et l'avenir n'est pas à mettre en doute, quand le produit naturel du sol est un grain qui est l'alimentation principale d'une population asiatique que l'on peut chiffrer à 7 ou 800 millions d'habitants.

Messieurs, après cet exposé, il me reste à réfuter l'opinion de l'honorable M. Morel, qui prétend que nous ne sommes pas un peuple colonisateur, que nous sommes trop heureux chez nous pour nous expatrier, que nos enfants, trop peu nombreux, du reste, sont des joyaux qu'égoïstement nous voulons garder près de nous.

Selon moi, cette opinion n'est pas fondée, ou tout au moins elle est grandement exagérée, et la soutenir, c'est oublier que la France peut présenter une longue liste d'éminents pionniers fournis par elle à la civilisation et à la colonisation du monde ; c'est oublier sa merveilleuse histoire colonisatrice du dix-huitième siècle, oublier encore qu'elle a, à cette heure, une quantité considérable de factoreries répandues sur la surface du globe, et que la superbe colonie du Canada, que nous avons perdue, il est vrai, dans un moment d'adversité politique, est notre œuvre encore régie par l'administration coloniale dont nous l'avions dotée.

C'est, enfin, méconnaître la prospérité de l'Algérie, appelée à être une des plus belles colonies du monde, et méconnaître aussi la Cochinchine, qui commence à se suffire à elle-même.

Le Français est essentiellement explorateur, courageux, entreprenant, aventureux même, et il n'est pas un point du globe qu'il n'ait été des premiers à découvrir, quand il n'a pas été le premier. Ne sont-ce pas là les qualités premières essentielles d'un bon colonisateur ?

Malheureusement, et je le reconnais, depuis un siècle, les changements constants de notre politique intérieure ont détourné notre attention de nos colonies, et nous ont empêchés de veiller à leur prospérité ; il s'en est suivi un grand découragement et un arrêt dans nos entreprises coloniales. Mais ce n'est point là une raison pour y renoncer à tout jamais, et laisser aux nations voisines le champ libre dans toutes les parties du monde, pour être ensuite forcés de devenir leurs tributaires.

Les rangs sont déjà très resserrés chez nous, la concurrence se fait redoutable, l'étranger nous copie et nous bat sur notre propre terrain, de jour en jour notre chiffre d'exportation diminue, tandis que notre consommation augmente, et nous sommes à la veille d'une crise économique terrible.

Et quand, au milieu de cette lutte déjà si grande, je songe à l'impulsion immense que l'on donne en ce moment à l'instruction publique, je tremble et je me demande ce que sera un jour la prochaine génération.

Car qui dit instruction, dit aspiration à la fortune.

Or, si nous ne voulons pas avoir plus tard des désœuvrés, des déclassés aigris contre leur sort, autant de médecins que de malades, plus d'avocats que de causes, faisons des commerçants, c'est la seule source de fortune pour un pays. Préparons donc pour cela des champs nouveaux d'exploitation. C'est exprès que je me sers de cette expression, au lieu de celle de débouchés nouveaux, employée communément, mais qui me paraît mal exprimer le but à atteindre.

Il me semble, en effet, que nous considérons la colonisation sous un faux point de vue, lorsque nous ne songeons qu'aux débouchés, et lorsque la première question que nous nous posons, quand il s'agit d'un pays nouveau, est celle-ci :

Que peut-on y vendre? quel débouché pouvons-nous y trouver?

Et si nous ne rencontrons pas une solution favorable à ce problème, nous nous retirons; les capitaux s'effrayent et se désintéressent.

Mais tous les pays du monde ne peuvent pas être consommateurs de nos produits, qui sont des articles relativement riches, ne s'adressant qu'à des peuples civilisés, ayant des coutumes comme les nôtres, ou à ceux qui, en industrie, suivent la marche du progrès. Ces pays sont déjà parcourus, et nous y avons pris la place que nous méritons. Les contrées qui sont encore à exploiter, ou les peuples qui restent à connaître, sont presque primitifs, pauvres et comprimés sous la domination de chefs qui, ayant intérêt à ne pas être débordés par l'intelligence et la fortune publique, paralysent la culture et l'industrie.

Nous ne pouvons pourtant pas, pour les approvisionner, déranger notre industrie, occupée à des articles riches et rémunérateurs, pour leur confectionner des articles pauvres, ne présentant qu'un bénéfice très limité.

Par exemple : les peuples comme les Tonkinois, dont nous nous occupons aujourd'hui, sont sans besoins. Ils s'habillent d'une chétive étoffe en cotonnade, se nourrissent de riz et de poisson, s'abreuvent d'eau-de-vie de riz et de décoctions de thé, vivent dans une hutte en bambous et en chaume ; comment voulez-vous que ces gens-là, sans luxe, sans envie, vivant au jour le jour, sans ambition, deviennent immédiatement consommateurs de nos riches étoffes, de notre bijouterie, de nos meubles perfectionnés, de nos vins fins et spiritueux ? tout cela est sans emploi pour eux.

Et pourtant, à l'ouverture d'un port, c'est la première pacotille que nous apportons, et comme nous ne réussissons pas, nous nous en allons découragés, laissant la place aux autres.

Mais, en commerce, il y a deux facteurs : consommation et production. Si ces pays nouveaux ne nous fournissent pas de consommateurs, prenons-les comme producteurs ; instruisons-les dans nos procédés nou-

veaux; aidons-les de nos capitaux; travaillons avec eux;
en un mot, organisons-les. Et comme leurs populations
sont nombreuses et pauvres, que leur sol est d'une
richesse incomparable, ils produiront beaucoup et à bon
marché.

Puis, quand l'aisance sera venue pour eux, et avec
l'aisance les besoins de luxe et de bien-être, quand nous
aurons étudié leur goût, nous pourrons fabriquer à
leur intention, et leur fournir à notre tour nos produits.]

Il y a aussi plusieurs systèmes de colonisation :

1° La colonisation dans l'acception du mot, celle de
peuplement;

2° La colonisation d'organisation et de trafic mercantile.

La première consiste à porter sur une terre vierge un
surplus de population que la mère-patrie ne peut nour-
rir, c'est ce qui s'appelle l'*émigration*.

Voilà un luxe que nous ne pouvons nous offrir, car,
comme l'a très bien dit M. Morel, nos familles ne sont
pas assez nombreuses, puis, grâces à Dieu, tout bras a
son emploi chez nous. Cette colonisation, d'ailleurs, me
paraît la moins profitable.

La deuxième est la vraie et la seule qui doit intéresser
un grand peuple civilisé et consommateur, ayant en
conséquence besoin de s'approvisionner aux meilleures
sources.

Pour entreprendre cette colonisation, il ne faut pas le nombre, comme dans la première, mais il faut l'idée d'entreprise, l'intelligence et les capitaux.

Le Français, je l'ai dit, est essentiellement entreprenant, aventureux même ; sans être trop présomptueux, nous pouvons dire que les hommes intelligents ne nous manquent pas, et, quant aux capitaux, la France en a tellement qu'elle les emploie au service de toutes les entreprises étrangères.

Pour rendre ma manière de voir plus saisissante, je vais vous citer deux exemples frappants.

Nous avons en Algérie plusieurs de nos compatriotes dont les noms sont aussi connus qu'ils sont sympathiques parmi nous.

Ce sont de grands colonisateurs, obtenant un rendement considérable du sol algérien, et pourtant ils ne font qu'appliquer à une exploitation agricole les règles d'une sage administration et d'une culture intelligente. Tout le personnel employé par eux est indigène.

Mon second exemple est, dans un autre ordre d'idées, emprunté à M. Morel, qui a bien voulu citer deux importantes maisons françaises établies à Shanghaï.

Eh bien, ces deux maisons françaises ont suffi à elles seules pour rapprocher la fabrique lyonnaise de la Chine, l'alimenter pendant la période de notre disette soyeuse, la rendre indépendante de Londres, et faire de la France le premier marché de soies et de déchets de soies asiatiques.

Au Japon, quatre maisons françaises ont suffi pour faire de Lyon le premier entrepôt des soies du Japon.

De même pour le Bengale : une autre maison de notre place, en y introduisant le tissage et la filature, nous a également rendu le même service.

Avec cela, Messieurs les fabricants lyonnais, vous avez acquis une de vos plus grandes forces.

Dans mes voyages d'affaires sur le Rhin, en Suisse, en Russie, en Amérique, j'ai maintes fois entendu dire, par vos collègues rivaux, que la concurrence avec vous, au point de vue de la contexture de tissu et de la main-d'œuvre, ne les effrayait pas ; mais là où nous ne pouvons pas lutter, me disaient-ils, c'est dans la connaissance et la science de l'emploi de la matière première. La fabrique de Lyon a de première main, à sa disposition, toutes les qualités de soie du monde, elle sait se les assimiler, et, pendant que nous nous usons à étudier un article avec les matières classiques que nous connaissons, Lyon fait la même apparence de tissu avec des matières inconnues par nous, rendant aussi bien, coûtant 10 et 20 $^o/_o$ de moins, ce qui lui permet de faire naître une masse de petits articles que nous ne pouvons jamais produire.

Cet avantage, envié de vos rivaux étrangers, vous le

devez à la colonisation de trafic, malgré le petit nombre de maisons qui sont allées rechercher au loin ce qui vous était utile.

Voilà, en exportation, ce que nous avons eu l'initiative de faire en Chine.

En importation nous avons été moins heureux, nos produits fabriqués sont trop riches pour la consommation chinoise, et, comme je vous l'ai déjà dit, nous n'avons pu détourner nos industriels de leurs produits ordinaires pour leur faire fabriquer des produits bon marché.

Au Japon nous avons été plus favorisés, un de nos tissus de fabrication du nord de la France, la mousseline-laine, s'est prêté aux costumes indigènes, et l'exportation en a touché douze millions de francs par an.

J'ai cité ces deux exemples, parce qu'ils se sont passés en quelque sorte sous vos yeux, mais j'aurais pu en trouver bien d'autres à vous citer, qui auraient tout aussi bien démontré que, partout où se trouve une contrée offrant des chances de trafic, le Français s'y transporte avec empressement, aussi bien que tout autre colonisateur étranger.

L'honorable rapporteur a bien voulu nous mettre sous les yeux l'Australie comme modèle, mais c'est là une colonie de peuplement qui n'est pas de notre ressort ; c'est, en effet, un prodige de notre époque et une gloire pour l'Angleterre.

L'Australie a été découverte en 1650, et ce n'est qu'en 1780 que l'Angleterre a songé à l'utiliser comme pénitencier. La population indigène sauvage, vraies brutes indomptables, qui comptait alors 80,000 âmes, est aujourd'hui complètement exterminée ou repoussée dans des contrées inexplorées. Le pays était riche, inculte, il a bien fallu faire venir des bras pour l'exploiter. La mère-patrie a fait des sacrifices immenses pour lui venir en aide, créer là une succursale de son royaume, et, malgré ces sacrifices, l'histoire dit que de 1803 à 1822 la colonie était dans l'état le plus déplorable, et qu'il fut question de l'abandonner.

Aujourd'hui, c'est un petit Etat qui vise à son indépendance complète, et un jour ou l'autre l'Angleterre pourra en avoir grand souci.

Mais j'aurais préféré que l'intéressant rapporteur nous eût transporté dans les Indes anglaises; là, se trouve en effet le vrai type de la colonisation d'organisation et de trafic qui nous intéresse.

Les Indes, sous la domination anglaise, comptent 253,800,000 habitants natifs.

Savez-vous combien de colons anglais, pour organiser et exploiter comme trafic cet immense pays? Seulement 75,730 des deux sexes déclarés Anglais et 8,000 étrangers.

Eh bien! sommes-nous pauvres en population au point

de dire que nous n'ayons pas les 3,000 hommes intelligents dont nous aurions besoin, proportion gardée, pour
organiser et exploiter les pays que nous avons en vue
de conquérir? Ce serait une grosse erreur. Mais nous
avons un grand défaut dans notre caractère national
(c'est peut-être une vertu de modestie) : nous négligeons
et dénigrons même ce que nous avons chez nous, et
nous envions, flattons, exaltons ce que nous voyons
chez les autres.

Si les Indes, qui étaient à nous, sont belles et en-
viables, notre Algérie devient aussi une merveille.

La conquête de l'Algérie date de 1830; pour arriver
à sa pacification complète, le pays a dû rester de lon-
gues années sous la direction militaire, en état de siège
permanent; ce n'est pas sous ce régime qu'un commerce peut se développer. Puis il y a eu la période
d'enfantement de l'administration civile, et, comme en
Australie, une vingtaine d'années ont été employées à
chercher les voies et moyens. Enfin l'immigration des
Alsaciens et Lorrains est venue, et là a été le prélude
d'une période d'accroissement et de prospérité qui marche à pas de géant, et que, trop désintéressés par notre
manière de vivre française, nous ne suivons pas d'assez
près.

La population de l'Algérie, au recensement officiel de 1881, était de 3,310,412 habitants, dont :

2,850,866 indigènes musulmans,

233,937 Français,

35,667 étrangers naturalisés Français,

189,944 purs étrangers, dont 70,000 nés en Algérie.

Mais cette proportion considérable d'étrangers, qui inquiète tant les esprits pessimistes, n'est pas un préjudice pour nous.

Ce sont des gens qui nous apportent leurs intelligences et leurs bras, qui vivent et qui dépensent chez nous, et qui, un jour ou l'autre, dans leurs personnes ou leurs enfants, peuvent devenir Français.

Le commerce de l'Algérie, importation et exportation, était, en 1837, de ..... 20,000,000 de francs.

Dix ans après, en 1847, de. 100,000,000 —

En 1861, de .... 237,000,000 —

En 1871, de .... 306,000,000 —

En 1881, de .... 486,000,000 —

Enfin, en 1882, de........ 561,000,000 —

soit 75 millions de plus que l'exercice précédent.

Dans ces 561 millions, 150 représentent l'importation et 411 l'exportation, dont 300 millions fournis par la France.

Voilà notre colonie algérienne à cette heure, et 234,000 Français y ont vie et avenir.

Nous rapprochant du Tonkin, je jetterai les yeux sur ce petit coin de terre qui nous appartient : la Cochinchine.

Les résultats sont moins satisfaisants, mais ils sont pourtant probants.

Ce pays n'est à nous que depuis 1862. Il y a eu, comme partout, la période d'hésitations et d'enfantement.

Ce n'est qu'en 1867 que la jonction des trois provinces en a fait une population de 1,400,000 âmes.

Cette population même n'était pas suffisante, tant la quantité de terres à défricher était grande.

Il a fallu attendre que les mécontents de l'Annam et du Tonkin émigrent et viennent se mettre sous notre domination. Au dernier recensement, la population actuelle était évaluée à 1,675,000, en progrès de 275,000 âmes.

Le produit essentiel de ce petit pays est le riz, et cette culture se développe rapidement ; au point que l'exportation de ce grain qui, les premières années, variait de 2 à 300,000 tonnes par an, est aujourd'hui de 600,000 ; et l'on prévoit le chiffre de 1,000,C00 de tonnes dans un avenir prochain.

D'après nos derniers recensements, la population européenne placée sous notre administration, et dispersée dans la Basse-Cochinchine ou le Cambodge, s'élève de 450 à 550 habitants, et augmente chaque jour.

La période d'administration militaire paraît maintenant finie. Le pays est soumis, et, comme en Algérie, l'on entre dans la période d'administration civile.

Espérons qu'elle y sera aussi heureuse.

Ce qu'il y a de positif, c'est que cette petite colonie, que le Gouvernement français a été, durant dix ans, sur le point d'abandonner, parce qu'elle était une charge pour la Métropole, est aujourd'hui arrivée à se suffire.

Son budget-recettes qui était, en 1867, de 4,000,000 de francs, donne aujourd'hui 20,000,000.

Le dernier exposé financier fait espérer un excédant des recettes sur les dépenses, de 2,500,000 francs pour l'exercice 1883.

Jusqu'ici, la Cochinchine, par son éloignement de la France, par son affreux climat, par la politique oscillante que nous y avons pratiquée, n'a pas attiré beaucoup les colons, à quelle école qu'ils appartinssent.

Mais si nous pouvons y joindre le Tonkin, où l'Européen pourra plus convenablement résider, il n'y a pas de doute qu'avant peu d'années l'ensemble de cette colonie de l'Indo-Chine puisse rivaliser avec celles des détroits de la Sonde et de l'île de Java, qui ont été la fortune de la Hollande et ne soit un grenier d'abondance pour toute l'Asie.

Messieurs, si j'ai réussi à vous démontrer d'une part que nous avions naturellement les qualités du colonisateur, et d'autre part que le Tonkin est un pays intéressant, d'un sol riche, fertile, que le peuple tonkinois, très dense, est en outre travailleur, soumis, sobre, bon ouvrier, que nous manquera-t-il pour tirer parti de ce pays, le Gouvernement étant d'ailleurs disposé à lui appliquer un règlement colonial spécial? Il ne nous manquera rien, et nous devons nous préparer à envoyer dans cette future colonie des capitaux suffisants et des colons intelligents.

Avant de terminer, Messieurs, je vous ferai, du reste, remarquer que le drapeau de la France est en ce moment engagé devant l'ennemi, et qu'il n'est plus temps pour nous de songer à nous retirer ; que ce n'est pas non plus au moment où notre prestige européen est mis en doute, au moment où, dans un instant de défaillance, nous avons compromis notre influence en Egypte, au moment enfin où l'on songe à nous déposséder du canal de Suez, que nous devons nous décourager de cette entreprise patriotique, et hésiter à prendre, dans ce monde si immense de l'Orient, la place que les circonstances nous offrent, et qui, peut-être, un jour, sera un point stratégique de première utilité pour nous.

www.ingramcontent.com/pod-product-compliance
Lightning Source LLC
Chambersburg PA
CBHW061620060726
47597CB00005B/1724